AF563020

DU

CÉSARISME

EN FRANCE

PAR

M. JOURDEUIL,

AUTEUR D'ÉCRITS POLITIQUES ET D'UN ESSAI DE PHILOSOPHIE.

PARIS

LIBRAIRIE MUZARD

26, place Dauphine, 26

VERSAILLES

18, rue des Réservoirs, 18

Prière de faire circuler si l'on juge qu'il y a du patriotisme à le faire.

PUBLICATIONS DU MÊME AUTEUR :

1° **Du mouvement politique en France depuis 1789 jusqu'à nos jours (1er mai 1869).** Brochure, Toulon 1869.

2° **Un mot sur la politique française en Algérie.** Brochure, Toulon 1870.

3° **Définition du Gouvernement Républicain.** Brochure, Toulon 1870.

4° **Résumé d'une théorie philosophique.** Brochure, Marseille 1870.

5° **Prim.** Brochure, Poitiers 1871.

On trouvera ces brochures dans les bibliothèques municipales des cent premières villes de France.

Versailles, imprimerie Crété.

DE L'ORIGINE DU CÉSARISME EN FRANCE.

En 1870 un sénateur faisait observer à ses pairs assemblés que « le difficile n'est pas de faire le bien, mais de le connaître. »

Cette fine remarque est surtout très-vraie en ce qui touche la politique française, parce que la mauvaise foi des factions qui nous divisent tend à altérer la vérité et à fausser les principes.

Comment trouver le juste, le bien, le vrai au milieu des affirmations et des dénégations intéressées des partis?

Trop souvent hélas, nous sommes trompés sur les mots; ou plutôt ce sont les mots qui servent à nous tromper sur les choses.

Je citerai comme exemple le mot : *Césarisme*.

Il est de mode aujourd'hui d'injurier le césarisme et les césars. On ne trouve pas d'expression assez forte pour flétrir 1852, mais surtout 1804. Parce qu'on regarde Napoléon Ier comme l'auteur du césarisme en France et le créateur du genre. Ce qui contribue à perpétuer cette erreur et à la fortifier, c'est l'analogie qu'il y a entre la fortune du vainqueur des Gaules et celle du vainqueur de l'Egypte.

Mais la vérité vraie c'est que le Césarisme nous vient de Louis XIV, et que la grande faute qu'on puisse reprocher à Napoléon Ier ainsi qu'à Napoléon III, c'est de s'être laissés tomber lourdement dans l'ornière césarienne creusée par le *grand* roi.

Je prie le lecteur de comprendre qu'il ne s'agit pas ici de diminuer la valeur des derniers Bourbons au profit des premiers Napoléons, mais de mettre la vérité à sa place et de laisser à la charge de chaque dynastie la part de responsabilité qui lui incombe.

Une opinion injuste est en honneur, j'essaye de réagir contre elle dans l'intérêt de notre patrie doublement humiliée et doublement malheureuse. Voilà tout.

Ceci dit, je demande au lecteur de bonne foi quelle différence il y a :

1° Entre les césars romains se constituant le centre de toute puissance et Louis XIV disant : « *L'Etat c'est moi* » ?

2° Entre Jules César traitant le Sénat avec dédain, et Louis XIV dictant ses volontés au parlement, éperons au talon et cravache en main?

3° Entre César Auguste, protecteur des beaux-arts-belles-lettres et Louis XIV groupant autour de lui et pour sa gloire tout ce que l'Europe avait d'artistes et de poètes? Ne dit-on pas : siècle de Louis XIV, comme on dit : siècle d'Auguste?

Quelle différence y a-t-il encore entre Néron, grand prêtre romain livrant les chrétiens aux bêtes féroces puis confisquant leurs biens, et Louis XIV, grand prêtre gallican livrant les protestants à la dragonnade et faisant confisquer leurs biens?

Quelle différence trouve-t-on enfin entre ce même Néron jouant de la flûte devant les petits crevés de Rome et ce même Louis XIV dansant un pas de sa façon devant les non moins petits crevés de Versailles?

Quel était le principe politique de Louis XIV? Tout simplement celui des Césars romains qui ont toujours voulu régner en maîtres sur des sujets asservis et gouverner sans contrôle un peuple subjugué et servile.

Quel était le principe administratif de Louis XIV? Mais celui des Césars romains qui livraient le pouvoir central et le gouvernement des provinces à des créatures et à des affranchis qui rapportaient tout à l'honneur du prince excepté parfois l'argent extorqué au pauvre peuple.

Quels étaient les vues dominantes des Césars? La guerre systématisée. Que fit Louis XIV pendant tout son règne? La guerre envers et contre tous.

Qu'était le roi Louis XV? Sinon un Tibère français, sinon un prince bien intentionné mais impuissant à bien faire.

Enfin si loin qu'on pousse la comparaison on trouve que l'œuvre des derniers Bourbons est une fidèle reproduction de l'œuvre des premiers Césars.

Il y a un point où Jules César et Louis XIV semblent n'avoir rien de commun. C'est l'usurpation.

Mais comment appeler, je vous prie, cette disposition hautaine et inébranlable du Roi à ne pas réunir les États-Généraux? Sinon une usurpation sur les droits du peuple? sinon une violation de la loi fondamentale du royaume?

L'usurpation du César français n'a pas été aussi ostensible, aussi théâtrale que le fut le passage du Rubicon, j'en conviens, mais elle fut aussi réelle et je puis dire qu'elle fut moins justifiable, car les Romains fatigués des révolutions et des révolutionnaires aspiraient à la paix intérieure, et César s'est trouvé l'homme de la situation. Cet égoïste a abusé de sa position, mais son usurpation avait une raison et un but, tandis que celle de Louis XIV n'en avait pas, sinon qu'il voulait être le maître absolu et régner sans contrôle.

Dans le but d'être plus explicite je vais répondre à cette question : Qu'est-ce que le Césarisme ?

Le Césarisme, c'est la dictature convertie en système permanent de gouvernement ;

C'est une souveraineté discrétionnaire et d'exception s'instituant pouvoir régulier dans l'intérêt des gouvernants et non des gouvernés ;

C'est une tutelle politique qui se perpétue dans l'intérêt du tuteur et non des mineurs ;

C'est une magistrature souveraine en déni de justice ;

C'est le gouvernement paternel dans le père ;

C'est une famille politique confiée à une marâtre ;

C'est la minorité égoïste faisant la loi à la majorité ;

C'est la violence gouvernant l'opinion ;

C'est la force violant le droit ;

C'est l'iniquité prenant les dehors de la justice ;

C'est l'agence gouvernementale déclarée infaillible, *tabouée* et irresponsable dans l'intérêt des agents ;

C'est la puissance publique mise au pillage et livrée aux moins dignes ;

C'est le trafic des dignités et la vente scandaleuse des honneurs ;

C'est tout ce qu'on veut, excepté ce qui est libéral, ce qui est noble, ce qui est juste.

Quoiqu'on en dise, les faits sont là pour prouver que jamais l'usurpation sur les droits du peuple *pris dans son ensemble* n'a été aussi hautaine que sous Louis XIV. Jamais en un mot le pouvoir français n'a été aussi césarien. J'admets bien avec les amis de l'ancien régime et avec tout esprit impartial que le besoin de constituer la grande unité française justifie dans une certaine mesure la manière d'être de Louis XIV. Mais pourquoi avoir persisté dans le Césarisme quand il n'y avait plus nécessité et en avoir fait un système régulier de gouvernement ?

Qourquoi Louis XIV n'a-t-il pas appelé à lui les députés de la nation pour travailler avec eux à l'amélioration sociale et aviser à la régénération du pays ?

Pourquoi enfin, la loi fondamentale du royaume qui vivait dans les cœurs français a-t-elle été violée ?

Que ceux qui ne jurent que par l'ancien régime veuillent bien méditer sur ce sujet.

DU CÉSARISME PASSÉ.

§ I. — Le Césarisme sous la première révolution.

Un des caractères distinctifs du Césarisme c'est l'impuissance finale; c'est de ruiner le présent et d'escompter l'avenir.

La théorie de : « l'*État c'est moi* » a pour finale logique : « *Au bout du fossé la culbute. . . , Après moi la fin du monde.* »

On s'explique ainsi la fin de l'ancien régime.

Ce qui fait la force d'un gouvernement et le perpétue c'est son désintéressement, parce que le propre du désintéressement c'est d'attacher tous les cœurs. Comme cette vertu n'était pas celle du monde gouvernemental d'avant 1789, il n'est point étonnant de le voir condamné à périr. Mais, hélas! pouvait-on croire que la réunion des États-Généraux serait le commencement d'une période nouvelle pour le Césarisme?

La loi traditionnelle et fondamentale du royaume reconnaissait trois ordres. De leur côté les *cahiers* de 1789 ne donnaient pas au tiers-état le droit de se donner tous les droits, Malgré cela le tiers-ordre veut être « tout », et, cédant à son instinct dominateur, il exige autoritairement que les deux autres ordres se fondent en lui pour former une assemblée unique dite : Assemblée Nationale.

Cet acte, qui passe inaperçu devant les esprits façonnés au despotisme, est une usurpation des plus condamnables, parce qu'elle a été la cause de toutes celles qui la suivirent. C'est bien à elle qu'il faut attribuer nos débordements révolutionnaires parce que, selon la maxime d'Épictète : « Il n'y a plus de bornes pour ceux qui dépassent « les bornes. »

Comme les Bourbons et la noblesse n'ont pas su se réformer assez tôt et réagir en temps opportun contre le système césarien, ils étaient menacés de périr, mais cela ne donnait pas à la bourgeoisie de 1789 le droit de tout oser. De ce que la royauté et le monde de la cour méritaient la mort politique, il n'en faut pas conclure que le tiers-ordre devait les anéantir et se faire justice lui-même. Jamais une plus belle occasion ne s'était offerte à des patriotes pour s'affirmer et montrer qu'ils étaient de grands esprits sachant oublier leurs petites rancunes non par faiblesse de caractère mais par respect de la légalité.

Que dirai-je de tous les gouvernements qui se sont succédé pendant la tourmente révolutionnaire?

Qu'ils étaient césariens et que c'est parce qu'ils étaient tels qu'ils sont tombés.

§ II. — Le Césarisme sous le premier empire.

Les assemblées politiques à partir de 1789, avaient usurpé sur le peuple; un général illustre et ambitieux usurpe sur les assemblées.

L'enchaînement est logique et je puis l'expliquer comme il suit:

Le peuple seul est souverain: Voilà le principe des nations (1). Mais du moment que des assemblées politiques, qui se croient souveraines, sortent de leurs limites et font violence aux citoyens dont elles contrarient les vues, il n'est pas étonnant qu'elles perdent le prestige qui faisait leur force.

Toutes les fois qu'une assemblée politique agit en souveraine et oppose ses desseins à ceux du peuple il y a usurpation de la souveraineté. Dans ce cas il peut arriver qu'un seul usurpe sur l'assemblée à la grande satisfaction des masses populaires.

Pourquoi? Parce que, à tout prendre, le peuple qui se voit condamné à la subordination aime mieux avoir un maître unique qui est visible et indivisible et duquel on peut obtenir justice que d'avoir un maître collectif qui échappe à toute responsabilité, parce qu'il est invisible et divisible.

Ce phénomène, loin d'être contradictoire, est, au contraire, conforme à la loi générale du mouvement politique des nations: Quand celles-ci se voient obligées de subir un maître, elles désirent qu'il soit unique plutôt que collectif, parce que la domination collective est plus écrasante et moins modérée; plus étendue et moins visible; plus enveloppante et moins saisissable.

D'après cela on peut juger que, d'instinct, le peuple n'est pas si sot que d'aucuns se plaisent à le croire.

Le 18 brumaire était donc un fait naturel et logique; mais ce qui fut la grande faute de Napoléon Ier, c'est qu'ayant la toute-puissance en main, il n'ait pas voulu en user pour le bien de tous et pour dégager la France des étreintes du césarisme. Non-seulement il ne fit

(1) Avec cette différence que chez les nations en tutelle ou subjuguées par une puissance étrangère ou nationale la Souveraineté du peuple est *latente* et *en réserve* au lieu d'être *active* comme chez les nations libres et maîtresses de leur destinée.

rien contre le césarisme qui était dans nos mœurs, mais il commit la faute grave de le reconstituer dans toutes ses parties en poussant la folie et le ridicule jusqu'à se fabriquer une noblesse à lui.

Comme l'a dit un penseur : « Le pouvoir de tout faire ne donne pas « le droit de tout oser. » En s'engageant follement dans le césarisme au lieu d'en sortir résolûment, Napoléon Ier usurpait sur le peuple, car si celui-ci acceptait le 18 brumaire dans l'espoir d'amélioration sociale, il s'éloignait insensiblement d'un pouvoir autoritaire qui fortifiait les abus au lieu de les réprimer.

Le peuple de l'an 1799 voulait bien avoir ce qui lui manquait, à savoir : un gouvernement énergique et réorganisateur, mais il voulait en même temps que le pouvoir fût très-modéré dans ses vues personnelles.

C'est parce que Napoléon Ier n'eut pas cette modération qu'il fut abandonné par les masses qui l'avaient acclamé.

§ III. — Le Césarisme sous la restauration.

A en croire les chroniqueurs, Louis XVIII rentrant en France aurait dit : « Il n'y a rien de changé en France ; il n'y a qu'un Français « de plus. »

En effet, il n'y a rien eu de changé en France au retour des Bourbons. Le césarisme d'avant est resté le césarisme d'après : toujours la France gouvernée par une minorité égoïste et césarienne.

Quoi de plus césarien que la prétention des derniers Bourbons à n'être pas subordonnés au peuple, et à braver l'opinion publique à propos de tout et à propos de rien ?

Quoi de plus césarien que les ordonnances de 1830 ? Qu'est-ce que ce défi jeté à la face du pays, sinon une audace à la césar ? sinon un *alea jacta est* ? sinon une continuation de « ces gouvernements d'aven« ture qui, après quelques années de fausse sécurité, jettent le pays en « d'effroyables abîmes. »

§ IV. — Le Césarisme de 1830 à 1848.

Les députés de 1830 avaient-ils mandat pour faire un Roi à leur façon ? Non. Eh bien ce sont des usurpateurs au même titre que ceux qui les ont précédés, car si une violence à main armée est coupable, celle qui affecte les dehors de la légalité, l'est bien davantage. Chez les nations civilisées, ce ne sont pas les violations manifestes de la loi qu'il faut redouter, parce qu'elles frappent les esprits les plus grossiers, mais bien celles qui sont dissimulées, parce qu'elles passent inaperçues et restent impunies. Ce qui est un grand mal.

J'ai d'autant plus raison d'insister sur ce point qu'il n'est pas prouvé que, si la nation française avait été consultée librement en 1830, elle aurait fait choix de Louis-Philippe plutôt que de Napoléon II.

L'élection de Napoléon II avait une signification : c'était un défi jeté aux signataires du traité de 1815, ce qui donne à supposer qu'il aurait été élu.

Par lui-même le roi Louis-Philippe était peu césarien, mais son système de gouvernement était un césarisme ministériel, lequel n'est pas le moins odieux de tous, car il n'y a rien qui mécontente un peuple comme de ne pas voir et de ne pas saisir la main qui le frappe.

Quant à la révolution de 1848, elle a un nom. Elle se nomme : « *La révolution malgré elle.* »

On demandait la réforme, et on eut la révolution. Pourquoi ? sinon parce que le gouvernement de juillet n'a pas cessé un instant d'être césarien, et la preuve que je puis en donner, c'est que le deuxième empire, qui fut tout le temps césarien, ne fut pas obligé pour cela de changer les mœurs et les institutions de 1847. On me dira que la Constitution de 1830 diffère de celle de 1852. A cela je réponds que cette différence est superficielle et toute d'apparence, car avant 1848, comme après, le souverain affirmait une politique personnelle et gouvernait avec des ministres irresponsables envers les chambres et avec des chambres irresponsables envers le pays conformément au principe césarien.

La révolution de 1848, comme toutes celles qui la précédèrent et la suivirent, fut une convulsion césarienne et rien de plus. C'est toujours la question de : « *Au bout du fossé la culbute.* »

§ V. — Le Césarisme sous le deuxième empire.

Que reproche-t-on au deuxième empire ? D'avoir usurpé.

Ceux qui veulent que la France subisse la loi de Paris, font au deuxième empire un reproche logique ; mais ceux qui veulent que la

France soit (dans son vaste ensemble) la maitresse de ses destinées lui font un reproche contradictoire.

Ceux qui voulaient et qui veulent encore que la France soit républicaine malgré elle ont raison de flétrir le deuxième empire, mais les Français qui ne veulent d'autre gouvernement que celui qui est sanctionné par le peuple doivent admettre sans répugnance que le deuxième empire a eu une origine légale et légitime.

Mais me dira-t-on. « Le peuple n'a pas de vouloir. Il fait ce qu'on « veut, et se soumet à la volonté du plus fort. C'est ainsi qu'on s'ex« plique les votes populaires en faveur de Louis Napoléon. »

Cette objection n'est pas irréfutable, car quand le peuple veut une chose il la veut bien. Je citerai comme exemple ce qui s'est passé à propos de l'élection présidentielle de 1848.

Le parti qui était au pouvoir à cette époque et qui avait autorité sur tous les fonctionnaires publics comme sur l'armée, voulait faire réussir la candidature du général Cavaignac, et, pourtant c'est le prince Louis Napoléon qui l'a emporté sur son compétiteur malgré toutes les intrigues gouvernementales.

Ce fait prouve que les Français ne se laissent pas conduire aussi sottement qu'on le suppose généralement.

Les populations des provinces n'ont pas de volonté, dit-on ; mais nous serions bientôt convaincu du contraire si nous voulions saisir toutes les particularités qu'offre le suffrage universel. Le peuple des campagnes peut, à la rigueur, accepter une opinion qui le contrarie dans ses vues, mais, du moment qu'il est à bout de patience, sa volonté est ferme et inébranlable. Je citerai comme exemple l'élection de M. Grévy dans le Jura en 1868.

Je conclus de ce qui précède, que le vote du 10 décembre 1851 fut un vote libre et exprimant bien la volonté nationale, et si le deuxième empire a usurpé, c'est sur le faux peuple, aux applaudissements du vrai peuple.

Ici le lecteur peut me faire le reproche que voici : « Vous défendez « le plébiscite, donc vous êtes bonapartiste, donc vous êtes césarien. »

A cela je réponds :

1° Que si je défends le plébiscite cela ne prouve pas que je sois bonapartiste, car le système plébiscitaire n'est point un monopole réservé aux partisans de l'empire napoléonien; et la preuve c'est que je conclurai dans la présente brochure à ce que les Français se servent du plébiscite pour faire choix d'un prince étranger à l'exclusion de tous les prétendants nationaux.

2° Ce que je dis du plébiscite ne prouve pas que je sois césarien attendu que le plébiscite tel que je le défends et tel qu'il a été pratique depuis 1848 est la contre-partie du plébiscite romain. Le plébiscite tel qu'il était pratiqué à Rome (celui qu'on peut appeler césarien) donnait à la ville de Rome le droit de décider du sort de tout l'empire, attendu que ni les Latins, ni les Gaulois, ni les Grecs, ni les Ibères, ni les Africains, etc., ne participaient à l'élection, tandis que le plébiscite français est précisément le contraire du plébiscite romain, attendu qu'il met la destinée souveraine de la France entre les mains de tous les Français, quelle que soit leur position sociale.

Un régime plébiscitaire, où dix millions de Français affirment leur opinion n'a rien de césarien, et loin d'être une cause de démoralisation; il donne au contraire de la dignité à nos humbles citoyens parce qu'ils savent que désormais rien de grand ne doit être fait sans eux.

Le plébiscite tel qu'il était dans les mœurs romaines, c'est le droit pour une populace malsaine, avinée et avide de plaisirs de faire la loi à tout un vaste empire. Avec un pareil système le deuxième empire n'aurait pas été victorieux en 1852 et moins encore en 1870.

Mais me dira-t-on le deuxième empire doit son avénement au système plébiscitaire tel que vous l'entendez (*le système non césarien*) et pourtant le deuxième empire était bel et bien césarien.

Je reconnais que le gouvernement impérial était césarien autant que ceux qui l'ont précédé en France, et plus qu'eux peut-être, car jamais l'autorité centrale et le sans-gêne ministériel ne se sont affirmés avec plus de force et moins de pudeur, mais cela tient à ce que le deuxième empire n'a pas tiré des affirmations plébiscitaires toutes les conséquences qu'elles portaient en elles; en un mot ces affirmations ont été un principe qui n'a pas eu de conséquences logiques. Voilà le mal.

Bien que le peuple l'ait affirmé dans la possession de la souveraineté, le deuxième empire a toujours fait comme s'il doutait de son droit. Il a eu recours au plébiscite. Mais toute sa politique intérieure semblait faire croire qu'il n'y croyait pas, car le plébiscite de 1870 lui-même n'a pas donné à l'empire cette ampleur de mouvement et cette hauteur de vue qu'on désirait lui trouver. Ce fut là sa grande faute.

S'il est vrai que le plébiscite français ne nous a pas donné pendant le deuxième empire tout le bien qu'on était en droit d'en attendre, ce n'est point une raison pour le repousser en principe, parce que, au milieu de nos discordes civiles et de nos infortunes publiques, il est la seule ressource qui nous reste pour trancher avec succès les grandes questions de forme gouvernementale et d'ordre souverain.

Ce qui fait la supériorité incontestable du plébiscite sur une Constituante, c'est la question d'unité de vues et de conformité d'opinions.

Quand il s'agit d'une de ces grandes questions d'ordre souverain où l'intérêt des factions est en jeu, il peut se faire qu'une assemblée de députés, si nombreuse qu'on voudra, subisse l'influence d'un habile orateur et soit enveloppée dans un milieu politique malsain ; elle peut se laisser circonvenir ; elle peut obéir à ses secrètes passions et se résoudre dans un sens contraire à ce que désire la majorité des citoyens.

En un mot les désirs d'une assemblée peuvent n'être pas conformes à ceux du peuple, comme cela est arrivé aux représentants de 1848, qui penchaient en majorité vers le général Cavaignac, tandis que la nation penchait vers le prince Louis Napoléon. Mais l'erreur qui est possible avec une assemblée, quand surtout un habile manœuvrier la tient sous sa main, ne l'est pas avec dix millions d'électeurs souverains dispersés sur tout le territoire, et cachés dans le fond de nos provinces. Ici nous nous trouvons en présence d'une force imposante et vraiment majestueuse.

On m'objectera que nos braves paysans sont incapables de formuler une opinion saine, et qu'ils ne sont pas assez intelligents pour faire acte de souveraineté.

Il y a, il est vrai, dans les campagnes ainsi que dans les petites villes de province des esprits très-débiles ; il s'y trouve des citoyens qui sont assujettis et subordonnés à d'autres citoyens; mais est-ce que les grandes villes n'ont pas aussi leurs citoyens débiles ?

Est-ce que les avocats, les avoués, les notaires, les médecins, les huissiers et tous les hommes d'affaires ne sont pas assujettis à leurs clients ? Est-ce que les magistrats, les ecclésiastiques, les militaires, les fonctionnaires de tous ordres et de tous grades ne sont pas subordonnés à leurs chefs ?

Les grandes villes ont des hommes libres, mais est-ce que la campagne n'a pas les siens? Où trouver un citoyen plus libre que le petit propriétaire qui, vivant de son travail et payant ses impôts, n'a aucune courbette à faire à ses semblables? Croit-on que le rural qui attend son bonheur et son bien, non des hommes, mais d'une terre fertile arrosée de sang, n'est pas plus libre que ces messieurs les urbains : charcutiers, limonadiers, merciers, boulangers et gargotiers qui saluent avec respect les *pratiques* auxquelles ils doivent leur fortune ?

Pourquoi la race juive est-elle éminemment servile? Parce qu'elle est exclusivement urbaine, et que son âme ne se retrempe pas dans le travail de la terre.

Pourquoi les Romains de la république furent-ils si fiers, si héroïques? C'est parce qu'ils étaient ruraux et non urbains ; cultivateurs et non mercantiles. Qu'est-ce qui a contribué puissamment au développement du césarisme à Rome? C'est la prédominence des mœurs urbaines sur les mœurs rurales.

Qu'est-ce qui conserve l'équilibre libéral en Angleterre? Ce sont les mœurs rurales.

En résumé, la terre étant inaccessible à la flatterie et à l'intrigue, ceux qui l'exploitent restent toujours dignes. Ce sont les ruraux.

L'espèce humaine, au contraire, écoutant les flatteurs parce qu'elle est vaniteuse, ceux qui l'exploitent perdent leur dignité. Ce sont les urbains.

J'en conclus que le privilège de la dignité est particulièrement dévolu au rural, et que l'homme attaché à la terre est le plus libre.

Le peuple des campagnes, dit-on, n'est pas assez intelligent pour faire acte de souveraineté. Mais qu'en sait-on? Sur quoi se base-t-on pour prononcer sa déchéance? Quel est donc l'homme si intelligent qu'il soit qui puisse raisonnablement dénier à ses concitoyens l'aptitude à la souveraineté?

A peine connaissons-nous l'étendue de notre esprit, comment pouvons-nous prétendre de connaître celui de notre voisin? Il y a dans les villes des savants d'une supériorité incontestable, mais pouvons-nous répondre qu'ils ont toujours leur bon sens? Ne savez-vous pas que la folie est la voisine envieuse du génie et que tout esprit tendu aux grandes vues peut se rompre et se trouver altéré au moment où vous le croyez en parfait équilibre?

Les braves citoyens des campagnes ne sortent pas tous de l'école normale, ni de l'école polytechnique, mais je ferai d'abord observer que ce qui fait la supériorité civique, ce n'est ni la haute littérature, ni la haute science, mais bien d'être tout simplement et tout *bêtement* un honnête homme, un citoyen franc et loyal, qualités essentielles et les seules indispensables à l'homme libre.

En second lieu, je ferai observer que s'il est vrai qu'il y ait dans les campagnes des esprits très-secondaires, il est vrai aussi que la division du travail introduite dans l'industrie, tend à abrutir profondément les ouvriers urbains. Croit-on par exemple qu'un paysan, qui s'ingénie chaque jour à tirer le meilleur parti possible de son champ et de sa vigne pour faire vivre sa nombreuse famille, ne fait pas preuve de plus d'intelligence que son collègue, l'urbain, qui passe sa vie à faire : qui, des têtes d'épingles; qui, des œillets de bottines; qui, des queues de boutons; qui, des rivets de couteaux; qui, des rondelles de porte-plume, etc.?

Qui sait toute l'intelligence méthodique et raisonnée que nos braves laboureurs ou vignerons déploient pour économiser un *sou*. Ah! si les plus féroces de nos ministres avaient eu un peu de ce génie là, l'état de nos finances ne serait pas si mauvais.

De tout ce qui précède je conclus qu'au point de vue libéral l'empire était dans le vrai en puisant sa force dans les campagnes.

§ VI. — Le Césarisme du 4 septembre.

Il est toujours difficile de bien apprécier la conduite des hommes d'Etat et de formuler un jugement définitif à leur égard, car il y a des côtés de la question que nous pouvons parfaitement ne pas saisir. Mais il est un point sur lequel la critique peut s'appesantir à son aise c'est quand la loi suprême est violée, et que la volonté du peuple est manifestement dédaignée.

Ceux qui regardent les citoyens de nos provinces comme des crétins et des abrutis, pouvaient sans honte fouler aux pieds le vote du 8 mai 1870. Mais ceux qui savent au contraire que, hors de la légalité il n'y a ni force, ni énergie, ni grandeur, ni fin heureuse, ont parfaitement compris que l'usurpation du 4 septembre était le comble de l'infortune.

L'empire a commis bien des fautes. La plus grave qu'on puisse lui reprocher, c'est d'avoir contribué plus qu'aucun autre gouvernement à l'aplatissement des caractères en ne brisant pas assez tôt avec le césarisme qui pesait sur la France depuis deux cents ans.

L'Empereur, de concert avec ses ministres et les assemblées politiques, a eu tort de céder à la fièvre générale et de répondre au défi prémédité de la Prusse qui appelait de tous ses vœux une diversion extérieure. Mais toutes ces fautes ont perdu de l'importance le jour où des hommes, atteints de la folie césarienne, ont voulu faire une république sans républicains, gouverner la France sans mandat et posséder la force sans avoir ce qui la donne : l'assentiment de la nation et la complicité des honnêtes gens.

Il ne faut pas s'y tromper : ce sont les principes et non les bonapartistes qui condamnent les hommes du 4 septembre, car c'est la France qu'ils ont sacrifiée, et non l'empire.

Cela est facile à comprendre : si l'empire avait été conservé et non expulsé par les ex-opposants du 8 mai 1870, il se serait trouvé dans la nécessité ou de triompher ou de traiter. Dans ce dernier cas, (celui qui était le plus probable) l'empire serait devenu impopulaire au plus haut point, et il était perdu à jamais, tandis qu'aujourd'hui il y a des chances pour le retour de l'Empereur, grâce aux hommes du 4 septembre.

Notons ceci, c'est que les hommes du 4 septembre ne sont ni républicains, ni démocrates, bien qu'ils soient considérés comme tels.

Qu'est-ce que la république : *Le règne de la loi.*

Qu'est-ce qu'un républicain : *Un citoyen loyal qui pousse l'amour de la légalité jusqu'au sacrifice.*

Eh bien si les hommes du 4 septembre avaient été républicains, ils auraient été capables de tout, excepté de violer la loi sanctionnée par la nation.

Qu'est-ce que la démocratie : *La puissance effective du peuple (du vrai peuple).*

Qu'est-ce qu'un démocrate : *Un citoyen libéral qui n'accepte de puissance que celle qui vient du peuple dans son vaste ensemble sans distinction de pauvres ou de riches, d'urbains ou de ruraux.*

Eh bien, si les hommes du 4 septembre avaient été de vrais démocrates, ils auraient refusé un pouvoir qui n'émanait pas du vrai peuple.

Je demande pardon au gouvernement du 4 septembre d'entrer dans tous ces détails, mais ils ont une utilité de première importance, car si nous voulons apporter un remède à toutes nos infortunes c'est à la condition que nous contracterons l'habitude d'aimer la légalité et de respecter le droit.

Toute notre fortune est à refaire, mais la tâche sera facile si nous prenons soin de nous attacher à ce qui est réalité à l'exclusion de ce qui est illusoire.

Notre mouvement progressif n'aura ni recul, ni temps d'arrêt, si nous voulons bien comprendre cette simple vérité : « *hors de la légalité il n'y a pas de salut.* »

En résumé la France du passé se nomme : *la France Césarienne.* Mais, si nous savons comprendre ce que nous sommes et ce que vaut le vrai peuple, la France de l'avenir se nommera : *la France libérale.*

DE L'EXTINCTION DU CÉSARISME.

Hait-on le césarisme, on renverse le césar et on croit que tout est fait.

Le césar est-il tombé, on flétrit le césarisme et on croit que tout est dit.

Mais, hélas! tout n'est pas fait, de même que tout n'est pas dit.

Le césarisme est indépendant du césar, de sorte que la fin du césar n'est pas la fin des césariens. Ceux-ci se divisent comme il suit :

1° Les égoïstes qui usurpent en collaboration du césar et qui vivent de l'usurpation ;

2° Les égoïstes qui exploitent les usurpateurs et qui vivent de cette exploitation.

Si nous voulons remédier à un aussi grand mal et constituer la France nouvelle, nous devons réaliser des réformes nombreuses que je vais classer comme il suit :

1° Les réformes que le gouvernement provisoire peut opérer sur lui-même;

2° Celles qu'il peut opérer dans les services publics;

3° Enfin celles que chaque citoyen peut opérer sur lui-même.

§ I. — Des réformes que le gouvernement provisoire peut opérer sur lui-même.

Ce qui caractérise les peuples libres à l'encontre des peuples serviles et césariens, c'est que chez les peuples libres le citoyen seul est en possession de la souveraineté.

Les citoyens munis de leurs droits d'électeur et de critique, voilà le souverain effectif.

Quant aux citoyens auxquels les électeurs libres délèguent la puissance législative ou la puissance exécutive, leur pouvoir est limité, c'est-à-dire que les délégués du peuple doivent se considérer comme subordonnés au peuple, celui-ci étant seul souverain.

Si, au contraire, les députés d'un peuple libre s'attribuent la souveraineté, le peuple perd en pouvoir *légitime* ce que ses délégués gagnent en pouvoir *illégitime*.

De deux choses l'une. Ou bien le peuple (j'entends le citoyen) est souverain et, alors, ses délégués ne le sont pas.

Ou bien les délégués du peuple sont souverains et, alors, le peuple ne l'est pas.

Si la souveraineté est dans le peuple, le césarisme meurt; mais, si la souveraineté est dans les délégués du peuple, le césarisme se perpétue ou se relève de plus belle que s'il était tombé.

Quand les délégués du peuple substituent leur souveraineté à celle du peuple et placent leur opinion personnelle au-dessus de l'opinion du peuple, ils font acte de césariens. En un mot, la théorie qui veut que l'Assemblée nationale de France soit *souveraine* est une théorie césarienne. C'est le césarisme collectif.

Ce que je dis là des délégués qui ont le pouvoir de faire des lois et d'en surveiller l'application, concerne les dépositaires de la puissance exécutive, parce que, quoi qu'il arrive, c'est le peuple seul qui doit être le souverain.

Cet exposé des principes relatifs au droit à la souveraineté nous indique la première de toutes les réformes que nous ayons à réaliser : Elle consiste à obtenir que l'Assemblée nationale ne s'institue pas souveraine.

De même que l'Assemblée nationale n'est pas souveraine, de même elle ne peut se transformer d'elle-même en Assemblée *constituante*.

Quand il s'est agi d'élire les députés à l'Assemblée nationale, il n'a pas été question de constitution, de sorte que l'Assemblée élue n'a pas mandat de constituer.

Se donner à elle-même ce mandat, ce serait sortir de ses limites, et dans ce cas elle perdrait la force et le prestige qu'elle puise aujourd'hui dans sa modération et son bon droit.

C'est déjà bien assez qu'elle ait commis la faute grave de se prononcer sur la déchéance de l'empire, attendu que le peuple seul a le droit de se rétracter et d'infirmer le vote positif du 8 mai 1870.

L'Assemblée nationale avait pour mandat de décider de la paix ou de la guerre. Sa mission est remplie en principe, mais comme son mandat s'étend à tout ce qui se rattache à la guerre, j'en conclus que l'Assemblée nationale, qui n'a pas le *droit* de *trancher* les questions de souveraineté et de constitution a le *devoir* de les *poser*.

Poser les questions mais ne pas les *trancher*, voilà la mission de l'Assemblée parfaitement définie.

Le provisoire dans lequel nous vivons étant issu de la guerre, l'Assemblée nationale a non-seulement le *droit*, mais encore le *devoir* de nous en faire sortir, à la condition, toutefois, de réserver au peuple le droit de souveraineté, c'est-à-dire, le droit de répondre aux questions *posées*.

Pour procéder avec méthode et laisser chacun dans son droit, voici le programme que, selon nous, l'Assemblée nationale devrait adopter :

1° Convocation du peuple pour décider de la forme du gouvernement et poser en principe si le chef de l'Etat sera électif ou héréditaire.

2° Cette première question étant résolue, convoquer les électeurs pour élire une Assemblée constituante, qui n'aurait d'autre mission que celle de délibérer sur le pacte fondamental en se basant sur l'affirmation plébiscitaire relative à la forme du gouvernement.

3° La constitution étant faite, ce qui ne sera pas long, dissoudre la Constituante et convoquer de nouveau le peuple pour élire le chef de l'Etat (électif ou héréditaire).

4° L'élu ayant été mis en possession du pouvoir dans les limites fixées par la constitution, l'Assemblée nationale se déclarera dissoute, et, cela fait, les Français pourront dire bien haut : l'Assemblée nationale de 1871 a bien mérité de la patrie, car elle fut la première de nos Assemblées politiques qui sut respecter les droits du peuple sans abdiquer les siens.

L'Assemblée nationale acceptera-t-elle cette invitation à être libérale et non césarienne, à être le droit et non l'usurpation? Voilà la question.

Tous nos malheurs depuis 1789, nous viennent en partie de ce que nos Assemblées politiques n'ont pas eu le courage et l'énergie de se tenir en équilibre. Débiles avec les pouvoirs forts et dominatrices avec les pouvoirs faibles, elles offrent, à l'œil attristé, le spectacle désenchanteur d'une réunion d'hommes ordinaires qui ne savent être dignes ni envers le pouvoir, ni envers leurs commettants, ni envers eux-mêmes. Nos infortunes ne seraient pas si grandes, si les députés du peuple avaient voulu, depuis 1789, subordonner religieusement leurs opinions à celles des populations qu'ils représentent.

La pierre angulaire de notre édifice libéral est là et nous resterons césariens tant que ces idées simples ne seront pas triomphantes.

Le reproche qu'on peut faire au programme qui précède, c'est d'appeler les électeurs trop souvent au scrutin.

Ce reproche est fondé. Mais croit-on que les réformes et le bien public s'obtiennent sans effort? Ne serait-ce pas de la naïveté, pour ne pas dire plus, de croire que les libertés et le bonheur publics viendront à nous si nous n'allons à leur recherche. Quel bien peut-on raisonnablement obtenir si on ne s'en rend digne? On peut encore objecter que ces trois élections successives agiteront le pays.

Cela est possible, car il peut se trouver encore en France de ces fanatiques qui ne connaissent d'autres libertés que la liberté pour eux de ravir la liberté des autres. Mais il n'en demeure pas moins vrai que le plébiscite, malgré ses torts, est le seul moyen de rétablir l'ordre.

Des hommes de désordre, des citoyens pervers qui poussent à la révolte en haine de tout ce qui est grand, enfin des républicains qui n'ont du républicain que le nom, repoussent le plébiscite. Est-ce dans un but de désordre? Je ne sais, mais c'est au nom de l'ordre qu'il est demandé ici (1).

(1) La dynastie impériale, qui avait pour base trois affirmations nationales, est tombée

Ce n'est pas en enlevant au peuple, *en général*, le droit de résoudre la question de gouvernement et de souveraineté que la révolution sera vaincue.

Cela est bien facile à comprendre. Que dans un instant d'oubli ou d'égarement, l'Assemblée nationale s'institue souveraine et tranche les questions de constitution et de dynastie en faveur des Bourbons par exemple.

Qu'arrivera-t-il? C'est que tous ceux qui seront mécontents de la décision, notamment les bonapartistes et les républicains, se rattacheront au principe suivant qui est simple et irrésistible : « Le « peuple d'aujourd'hui peut seul infirmer le vote populaire du « 8 mai 1870. »

C'est alors que nous verrons surgir à la surface de notre société une cause irrémédiable de mécontentement et d'opposition, à peu près comme ce qui s'est passé après 1830, à propos du suffrage universel.

Il ne s'agit pas de faire ici de la politique ampoulée qui dupe le peuple et le trompe sur ce qui est vrai.

J'écris cette brochure pour la France révolutionnaire et césarienne, en tenant compte de ses aspirations à venir et je demande pour elle le remède que son mal comporte.

Si au lieu d'écrire pour la France j'écrivais pour l'Angleterre dont le génie est conservateur et respectueux des droits traditionnels, je ne tiendrais pas le même langage, parce que la situation sociale et les mœurs ne sont pas identiques (1).

---

mais on ne peut rien en conclure contre le système plébiscitaire, principe essentiel d'ordre.

Dans un moment de trouble et de désarroi, une minorité hostile et opposante a renversé l'Empire; mais comme ce renversement n'est pas le fait de la majorité du 8 mai 1870 et que cette majorité n'a pas été appelée à se déjuger; il n'est pas prouvé que le peuple français (le vrai peuple) soit inconstant, ni que le plébiscite soit privé des vertus d'ordre et de conservation que je lui attribue.

Le peuple, appelé, dans un prochain avenir, à se prononcer, ne relèvera pas l'Empire, bien qu'en d'autres temps il l'ait acclamé. Soit. Mais cette résolution nouvelle prouvera une fois de plus que le peuple aime l'ordre (base de tout progrès), et que le plébiscite est un principe d'ordre et non d'anarchie.

(1) Les Anglais n'ayant pas de notaires sont tenus de faire eux-mêmes leurs affaires civiles et leurs contrats. La conséquence qui en découle, c'est la nécessité pour eux de connaître leurs vieilles lois, ce qui fait qu'ils sont hostiles à toute innovation législative quand elle n'est pas justifiée à leurs yeux.

Après vérification de ce fait, le lecteur peut accepter les conclusions suivantes :

1° C'est par paresse et non par vertu que les Anglais sont conservateurs;

2° Le notariat en France est une institution de tutelle et césarienne qui contribue à nous rendre révolutionnaires;

3° Le moyen que je propose pour rétablir l'ordre en France n'est pas nécessaire pour l'Angleterre conservatrice.

Quoi qu'il en soit, il y a en France un élément révolutionnaire et césarien qu'on ne peut neutraliser qu'en prenant pour base de nos institutions :

1° Le plébiscite pour conférer la puissance suprême et trancher les grandes questions de droit constitutionnel;

2° Le suffrage universel pour déléguer à un citoyen une part de la puissance exécutive ou de la puissance législative.

L'idée qui est défendue ici, relativement au plébiscite, est une idée nécessaire. Si elle n'est pas acceptée aujourd'hui, elle le sera à la suite d'une des révolutions prochaines que le système contraire amènera infailliblement.

Si le plébiscite n'est pas la vérité du jour, il sera la vérité du lendemain, parce que le mal qu'on en dit, ne l'empêchera pas de triompher. Que de mal n'a-t-on pas dit du suffrage universel? Eh bien, ce suffrage universel si mal reçu, vient de sauver la société française; car, si les députés qui siègent en ce moment à Versailles, n'avaient pas été la représentation de toutes les parties de la société : des pauvres comme des riches, des humbles comme des superbes, des petites intelligences comme des grands esprits ; si, par malheur, notre Assemblée n'avait été qu'une délégation de ces gros bourgeois censitaires du gouvernement de Juillet, il arrivait ceci : c'est que les fanatiques de la commune de Paris pouvaient s'affirmer audacieusement comme les représentants des masses populaires de *toute la France*.

Comment leur aurait-on prouvé le contraire? Pourquoi le foyer insurrectionnel a-t-il été circonscrit? parce que les chefs de la commune n'ont pas pu dire aux prolétaires de la province :

« Ceux qui ont mission de défendre vos intérêts sont à Paris et non à « Versailles; c'est nous, les champions du prolétariat, qui sommes vos « vrais représentants. »

Grâce au mode large et universel de déléguer la puissance législative, les mauvais instincts de la province ont été étouffés sous le poids de cette simple vérité : « Les droits du peuple sont à Versailles et « non à Paris. »

Oui, c'est bien le suffrage universel qui a triomphé de l'insurrection de Paris, et qui nous a évité une banqueroute accompagnée de dictature extrêmement violente et d'intervention étrangère. La discipline et les armes perfectionnées sont des garanties de supériorité pour une armée, mais il y a un autre ordre de supériorité qui l'emporte sur toutes les autres, particulièrement dans les guerres civiles : *C'est le bon droit* (1).

---

(1) Je réclame encore le plébiscite pour la raison que voici :

§ II. — Des réformes que le gouvernement provisoire peut opérer sur les services publics.

Ici je vais me borner à résumer les réformes qu'il faut faire dans les services publics si on veut les dégager du césarisme.

D'abord la puissance exhorbitante conférée aux autorités centrales et les abus qui en découlent au préjudice des autorités locales et de leurs administrés, tient à nos mœurs césariennes.

Le gouvernement nommant d'autorité et de son propre mouvement les hauts fonctionnaires des départements, les intrigues et les récriminations auxquelles donnent lieu le choix des préfets, des receveurs généraux, etc., sont affirmatives de nos mœurs césariennes.

Les reproches qu'on fait à notre armée tiennent au césarisme, car, chez un peuple libre, le soldat fait son devoir et respecte ses chefs sans effort, parce que l'exemple lui vient d'en haut, et par ce que le grade n'est conféré qu'à la supériorité effective et paternelle, mais jamais à l'intrigant, incapable et hautain.

Si le pouvoir judiciaire est trop subordonné au pouvoir ministériel c'est parce que nos institutions sont césariennes.

Enfin c'est, grâce à nos institutions à la césar, que le chef de l'État et ses ministres peuvent d'un trait de plume, conférer au premier venu

---

Paris est essentiellement une ville cosmopolite, les étrangers y affluent; les Prussiens, par exemple, qui ont juré notre ruine, peuvent y être en si grand nombre et y semer tellement l'argent, qu'ils peuvent devenir les maîtres de la France en devenant les maîtres de Paris.

Les faits de cette nature ne sont pas sans précédents :

Pour triompher de la Grèce, Philippe de Macédoine a triomphé d'Athènes, en y faisant pénétrer les éléments de corruption ;

C'est en allant à Rome s'aboucher avec le Sénat et le corrompre que Jugurtha s'est fait absoudre ;

C'est en faisant entrer dans Varsovie des fourgons chargés d'argent que la Russie a pu devenir maîtresse d'une élection royale dans ce pays.

Cette corruption dans le cœur de la nation et par l'étranger est-elle possible en France?

Non, si le peuple fait acte de souveraineté et si les minorités respectent ses décisions.

Oui, cette corruption est possible, si la France, livrée aux mains des Césariens, continue à ne pas s'appartenir.

Aussi longtemps que le droit à la souveraineté directe sera ravi au peuple (au vrai peuple), nos destinées resteront concentrées dans la ville capitale ; et, dans ce cas, attendons-nous à ce que l'Allemagne triomphe encore de la France, parce que la Prusse aura triomphé de Paris par la corruption.

des fonctions auxquelles sont attachées de gros émoluments. Un pareil système ne peut qu'entretenir la bassesse dans le monde gouvernemental et développer la mendicité politique, la pire de toutes.

L'usage qui existe en France d'attacher un salaire parfois excessif à toute fonction publique tient à nos mœurs césariennes.

Chez les peuples libres, au contraire, les emplois publics sont généralement gratuits et deviennent une charge qui pèse sur les citoyens, préférablement sur ceux qui ont du loisir et de la fortune.

Le gouvernement ferait donc bien, tout en respectant les droits acquis, de poser en principe :

1° La suppression du traitement pour toute fonction non besoigneuse;

2° la réduction très-accentuée des traitements qu'il y a nécessité de maintenir.

Je prie le lecteur de considérer que ce n'est qu'en entrant dans cette voie qu'on évitera d'exciter l'envie des impuissants et des ambitieux vulgaires. Comment le peuple ne serait-il pas haineux et sceptique en ce qui touche les hommes du pouvoir, quand il les voit si âpres à la curée, et si attachés à leurs gros traitements.

On se plaint de ce que les Français sont irrespectueux envers l'autorité; mais comment s'enthousiasmer pour des autorités dont le désintéressement est si petit et l'avidité si grande ?

On peut m'objecter que du jour où les fonctions publiques seront gratuites ou faiblement rétribuées, il n'y aura plus personne pour les remplir. Cela est bien possible. Mais on obviera à cet inconvénient si la loi française stipule que tout citoyen qui refusera l'emploi qui lui est conféré aura à payer une amende assez forte pour stimuler son zèle administratif.

Le moyen que je donne là est une imitation de ce qui se passe en Angleterre, où la loi prévoit le cas de refus d'un emploi public, et punit le citoyen qui l'a refusé.

Payer une amende pour n'être pas préfet, voilà qui va être nouveau en France !

A ceux qui ne pourront pas concevoir la nécessité de cette nouveauté je ferai observer qu'elle répond au fait nouveau que voici :

Dans aucun temps les classes inférieures du peuple n'ont été aussi instruites qu'elles le sont aujourd'hui et qu'elles le seront demain.

De là des aspirations ambitieuses et des convoitises insensées plus ou moins illégitimes auxquelles, en bonne politique, on ne peut opposer que la gratuité des emplois publics, sinon la modicité des traitements.

C'est en entrant dans cette voie qu'on coupera une des racines les plus robustes de la société dite : *l'Internationale.*

En résumé, le meilleur conseil du monde ne vaut pas un bon exemple, et si le gouvernement veut moraliser les masses et les dégager du césarisme, il doit faire que les fonctionnaires et tous les hommes publics donnent l'exemple de la vie simple et du dévoûment national basé sur l'honneur et non sur l'argent.

§ III. — Des réformes que chaque citoyen peut opérer sur lui-même.

Les libertés publiques font partie de ces biens terrestres qui ne s'obtiennent pas sans efforts : On peut naître riche mais on devient libre.

La liberté du citoyen est le fruit de la volonté humaine qui comprime la passion et commande au sentiment.

Il peut arriver, cher lecteur, qu'obéissant à des considérations personnelles et particulières, votre opinion politique soit toute faite, et que vos idées sur les événements du jour soient arrêtées; malgré cela, je vous le demande, n'hésitez pas à les modifier, s'il vous est prouvé que cette modification est nécessaire pour dégager la France du bourbier césarien.

Songez qu'il n'y a que les peuples qui se réforment qui soient dignes d'être libres : L'entêtement est le fait de l'homme servile et du citoyen dégénéré.

Dans le but d'aider la réforme et d'éteindre le césarisme en France, je vais répondre aux deux questions suivantes, parce que ce sont celles qui l'emportent sur toutes les autres, par l'intérêt que chacun y attache :

1° Quelle peut être pour la France actuelle la meilleure forme de gouvernement?

2° Quel est le chef de l'État que nous devons préférer à tout autre ?

Réponse à la première question.

Quelle peut être pour la France actuelle la meilleure forme de gouvernement? — En général la meilleure forme de gouvernement pour un peuple est celle qui lui plaît, celle qu'il aime et qu'il défend de sa complicité. Pour les États-Unis et la Suisse, la meilleure forme de gouvernement c'est la république, puisqu'ils l'aiment. Pour les Anglais et les Belges, le meilleur de tous les gouvernements, c'est la monarchie constitutionnelle, puisqu'ils la préfèrent à toute autre forme gouvernementale.

Par analogie je dirai que la meilleure forme de gouvernement qui puisse convenir à la France, c'est celle qui est de nature à plaire à la majorité nationale.

J'en conclus que la forme de gouvernement qui sortira de l'urne plébiscitaire sera la bonne.

République ou monarchie constitutionnelle, toute la question est là.

Si le peuple est consulté, comme le prescrivent les nécessités de la situation, et s'il se prononce pour la monarchie constitutionnelle, il y aura peut-être surexcitation parmi les républicains, mais en faisant appel à leur bonne foi, je les prie de considérer que la monarchie constitutionnelle qui peut être établie conformément au vœu populaire, sera identique à celle qui subsiste dans les mœurs des Anglais, des Belges et des Hollandais, laquelle n'est autre chose que : « *une* « *République avec un président héréditaire.* (1) »

Certes un pareil gouvernement n'est pas à dédaigner, et nous ne pouvons obtenir moins, car l'esprit public en France qui devient exigeant par suite de nos malheurs, ne sera satisfait qu'à ce prix. Le gouvernement de son choix doit être libéral au point d'exciter l'envie des pays républicains où le chef de l'État est à l'élection.

Avec une monarchie constitutionnelle se rapprochant de celle de nos voisins d'outre-Manche, le peuple français obtiendra le maximum de libertés qu'il parait désirer bien mieux qu'avec une république, car à en juger par les faits : « *On est plus libre à Londres avec un* « *chef héréditaire qu'à Washington avec un chef électif.* (2) »

Je prie également les républicains de considérer que la première vertu du vrai républicain c'est d'accepter la loi telle que le peuple la

---

(1) M. Thiers, séance législative du 8 juin 1871.

(2) M. Thiers, séance législative du 8 juin 1871. Une preuve qu'on est plus libre à Londres qu'à Washington c'est que la constitution américaine donne au président le droit de *veto*, droit dont le souverain anglais est privé et qui met dans les mains du président des Etats-Unis un des privilèges de la monarchie absolue, car ce droit lui permet de s'élever au-dessus de la souveraineté populaire et de faire de la souveraineté personnelle. La puissance du souverain anglais ne va pas jusque-là. Preuve qu'on est plus libre à Londres qu'à Washington.

Ce droit de *veto* est-il un mal ou un bien? En Angleterre il pourrait être un mal; aux Etats-Unis il parait être un bien, car il y a des moments où il faut que, par mesure d'ordre, la souveraineté du peuple américain abdique parce qu'elle est en excès. Ce qui prouve une fois de plus qu'au point de vue politique, on est plus libre à Londres qu'à Washington, la liberté étant dans la mesure et non dans l'excès.

veut, car, sans cette condition, le républicanisme n'est qu'hypocrisie et mensonge.

La république, celle dont le président est à l'élection, n'est possible que si, étant dans les mœurs des citoyens, elle se soutient d'elle-même. En un mot il faut qu'elle soit un produit naturel et tirant sa force de l'assentiment de tous.

Exemple. — Quand Tarquin fut mort assassiné, la république acclamée par le peuple de Rome s'est affirmée d'elle-même et d'une façon définitive.

Pourquoi? Parce que la république était déjà dans les mœurs des Romains, du vivant des rois, à peu près comme ce qui se passe chez les Anglais de nos jours qui ont des mœurs républicaines, un gouvernement républicain et une dynastie héréditaire. Si celle-ci venait à disparaître et que les Anglais fussent constitués en république, ils ne changeraient ni leurs mœurs politiques, ni leurs institutions gouvernementales, puisqu'elles sont républicaines.

C'est ce qui est arrivé à Rome, à la mort de Tarquin.

Mais que dire d'une république *béquillarde* comme la nôtre, sinon qu'elle est un produit artificiel et une des formes du césarisme.

Des républicains prétendent que la république : « *est le seul gouvernement qui renaisse de lui-même.* »

Cette raison n'en est pas une, car si la république élective avait été dans nos mœurs en 1793, en 1830, et en 1848, comme elle fut dans les mœurs des Romains à la mort de Tarquin, la république française serait restée debout dès sa première naissance en l'an 1793 et, dans ce cas, elle n'aurait pas eu besoin de renaître deux fois.

Ces *renaissances* prouvent que c'est l'artifice qui fait surgir la république en France et non la nature.

Si on en jugeait par les apparences, on croirait volontiers que les hommes sérieux qui défendent la république élective en France sont absolument désintéressés; mais il n'en est rien, car les Français qui ont la *spécialité* de la république sont le plus souvent avocats, médecins, membres de l'Université, etc. Cette particularité prouve que dans le milieu social où on demande la république on est mû par l'intérêt tout autant que le sont ceux de nos comtes, de nos marquis, de nos ducs qui réclament la monarchie absolue.

Question de suprématie, affaire de métier, gens qui veulent qu'on prenne les ours : Tout est là.

Sans doute que la république élective offre de grands avantages à un peuple soucieux de conserver son indépendance et de vivre économiquement, mais elle porte en elle bien des inconvénients, notamment les deux que voici :

1° L'usage d'élire le chef de l'Etat tend par la force des choses à diviser la nation en deux grandes factions dont une qui est arrogante, parce qu'elle a triomphé, et une qui est remplie de haine, parce qu'elle a été vaincue, *vice et versa, et toujours comme ça.*

C'est tout simplement à cet inconvénient qu'il faut attribuer la fameuse guerre civile des Etats-Unis. Guerre de factions comme il n'y en eût jamais dans ce monde, mais comme il y en aura bien d'autres dans ce pays-là précisément parce que le chef de l'Etat est soumis à l'élection (1).

2° Le deuxième grand inconvénient : c'est d'accumuler des souches innombrables de familles présidentielles lesquelles arrivent, à la longue, à s'emparer de la richesse nationale et à rompre l'équilibre social, ce qui devient infailliblement une cause de ruine publique.

Les infortunes de la monarchie élective de Pologne sont là pour nous servir d'enseignement.

Ce fléau que je signale ne menace pas encore les Etats-Unis, mais cela viendra bien vite parce que l'argent jouant un grand rôle dans ce pays il arrivera que la vertu républicaine qui fait la force du système électif, se perdra pour faire place à la cupidité et à l'exploitation césarienne.

Ceux qui prêchent par contre pour la république accusent les rois de pousser à la guerre. Mais, mon Dieu ! sont-ce des rois qui ont poussé les Etats-Unis et qui poussent les républiques américaines à s'entre-détruire? Sont-ce des rois qui ont poussé la république romaine à faire la guerre à l'Univers pour le conquérir?

Les républicains objectent également que la supériorité d'esprit n'est pas le privilége d'une famille princière et qu'un roi illustre peut avoir pour lui succéder un fils imbécile. Cette objection est fondée pour les monarchies absolues où le roi est l'âme de toute entreprise, mais elle est sans fondement pour une monarchie constitutionnelle où le roi n'est qu'un principe d'équilibre, un Dieu Termes, chargé de faire échec aux pouvoirs qui oseraient usurper. Comme preuve je citerai les Anglais qui n'ont jamais fait d'aussi grandes choses qu'au temps où ils avaient à leur tête un roi fou. Pourquoi? parce que sous le régime constitutionnel ce sont les ministres qui doivent seuls être

---

(1) Pour prévenir ces guerres civiles de l'avenir et conserver sans danger le principe électif pour le chef de l'Etat, il faudrait que la grande République fût divisée à l'amiable en trois ou quatre Etats politiques, distincts, ayant chacun leur gouvernement central, leur président politique et une capitale comme à Washington.

Il y a beaucoup de dangers pour les Etats-Unis à être un Etat politique aussi étendu.

La division de leur grand territoire *en Etats particuliers* est une bonne chose, mais cela ne suffit pas pour éviter les guerres civiles de l'avenir.

habiles. Est-ce à dire qu'un roi fou ne sert à rien? Nullement, car, malgré sa folie, il atteint son but qui consiste à occuper la première place qui, sans lui, serait la proie des ambitieux.

Les républicains objectent encore que le gouvernement constitutionnel n'est pas possible en France, puisqu'il est tombé en 1848. Je répondrai à cela que le régime constitutionnel n'a jamais existé en France sinon dans les mots et que si le gouvernement de Juillet est tombé, c'est parce qu'il était césarien et non constitutionnel.

De l'observation des faits je conclus :

1° Que les républiques font la guerre aussi bien que les rois;

2° Que le régime constitutionnel veut la supériorité dans les ministres *(qui changent)* et non dans la dynastie *(qui ne change pas)*.

3° Qu'il n'est pas prouvé par notre histoire de 1815 à 1848 que le régime constitutionnel soit impossible en France.

Ah ! si nos républicains voulaient bien comprendre ces vérités-là notre problème gouvernemental serait vite résolu.

Réponse à la deuxième question.

Quel est le chef de l'Etat que nous devons préférer à tout autre? — En admettant que le peuple français se soit prononcé pour la monarchie constitutionnelle, c'est-à-dire pour : « *la République avec un* « *président héréditaire* »; le personnage à élire doit être pris parmi les illustrations *étrangères*. Du moins, c'est l'opinion que j'exprime en la basant sur les considérations suivantes :

A tout Français désintéressé et de bonne foi, je pose cette question :

Voulez-vous finir la période césarienne et révolutionnaire? Voulez-vous régénérer le pays et vous réhabiliter devant l'Europe?

Eh bien portez vos vues sur un prince étranger, sur celui que vous jugerez le plus digne selon le but que vous avez à poursuivre.

Mais, si au contraire vous vous livrez à un des anciens partis, quel qu'il soit, eh bien, la source de vos infortunes n'est pas tarie, et le dernier mot n'est pas dit en ce qui touche la France césarienne et révolutionnaire.

Vous m'objecterez que ce prince étranger sera sans racine dans le pays. Mais c'est justement ce qui fera son mérite. Il arrivera au milieu de nous pur de toute souillure du passé. C'est ce que nous devons désirer.

Comme ce prince n'aura aucun précédent en France il s'en suit qu'il n'aura pas à se justifier des choses du passé et c'est là une grande considération.

Elu par le peuple, choisi par les citoyens, sans distinction de parti, il ne devra le trône constitutionnel qu'à la nation seule et non à telle ou telle coterie.

Dans ces conditions il n'aura pas à nous *parquer* en légitimistes, orléanistes, napoléoniens et républicains. Il pourra donc appeler à lui toutes les capacités françaises, toutes les supériorités nationales sans s'arrêter à telle ou telle opinion.

C'est alors que l'union et la concorde commenceront à régner en France.

Mais si, au contraire, le pouvoir suprême tombe dans les mains d'un prétendant national, il y aura un parti qui s'attribuera le mérite d'avoir préparé la voie et les voix, lequel parti réclamera sa rançon.

Ce sera le moment, ô brave et bonne nature de Français, de délier les cordons de votre bourse!

S'il est vrai que tous les prétendants nationaux aient l'avantage d'avoir de chauds partisans, ils ont, par contre, l'inconvénient d'avoir des non moins chauds ennemis.

Ces deux, forces qui sont en antagonisme, s'équilibrent et se soutiennent mutuellement, l'une faisant subsister l'autre.

Au milieu d'une nation révolutionnaire, agitée ou sceptique comme la nôtre, il nous faut une dynastie toute neuve à laquelle les mécontents et les envieux ne puissent pas faire un procès tous les jours à cause de ses antécédents dynastiques, puisqu'elle n'en aura pas.

Il n'y a pas de gens plus à cheval sur la vertu et moins indulgents pour les vices des autres que les particuliers qui ont peu de vertu et beaucoup de vices; c'est assez dire que dans l'état de débordement où vivent les populations de nos cités il faut que la dynastie de notre choix soit irréprochable. Il lui faut de bons antécédents politiques et de bonnes mœurs privées.

Eh bien aucune de nos *ex*-dynasties ne réunit ces conditions parce que toutes ont à expier les crimes de leurs devanciers par la raison très-simple que quiconque hérite dans ce bas-monde des biens matériels et des immunités sociales de ses ancêtres, hérite également des flétrissures historiques qui leur sont propres.

C'est à prendre ou à laisser et le contraire serait de l'iniquité.

Ainsi, que ce soit la branche aînée des Bourbons qui l'emporte, aussitôt les autres partis remettront en mémoire des Français la vie scandaleuse de Louis XIV et de Louis XV. On reviendra avec minutie, sur la dragonnade, les dîners-régence, la banqueroute, les lettres de cachet et la Bastille.

On dissertera sur la terreur blanche, le maréchal Ney, le billet de confession et les ordonnances de 1830, etc.

Que ce soit la branche cadette qui triomphe, on reviendra sur l'histoire du Régent, sur celle de Philippe-Égalité, sur le double jeu du lieutenant-général du royaume, sur l'escamotage dynastique de 1830, etc.

Que ce soit la dynastie napoléonienne qui nous revienne, elle nous rapportera ce que l'aigle a emporté dans ses serres : La popularité des opposants qui n'oublient pas le 18 brumaire et le 2 décembre, Cayenne et Lambessa, Jecker et la Bellanger, le procès des treize accusés d'être vingt et un, la déclaration de guerre et Sédan.

Ces conséquences sont inévitables, parce que dans une nation de trente-huit millions d'âmes il se trouve toujours des mécontents qui, cédant à leur égoïsme, ne veulent rien oublier, dussent-ils causer la ruine de leur patrie.

Cela est un grand mal, j'en conviens, mais pourquoi les prétendants ne donneraient-ils pas l'exemple à ces esprits mal faits, en oubliant un peu plus ce qu'ils appellent leurs droits, et en oubliant un peu moins ce que, nous autres, nous appelons les méfaits de leurs ancêtres.

Quoi, me dira-t-on, choisir un prince étranger, mais cela ne nous est jamais arrivé à nous autres Français; de sorte que nous avons de la répugnance pour ce choix.

Est-ce bien une raison, parce que cela n'est jamais arrivé, pour ne pas l'accepter en principe ?

Ferons-nous pour nos progrès politiques comme nous avons fait pour le progrès de notre armement. « Quoi, disait-on, nous servir de fusils à « aiguille et de canons en acier se chargeant par la culasse ? Mais cela « ne nous est jamais arrivé ? »

Nous savons aujourd'hui ce qui arrive en ne voulant pas de ce qui n'est jamais arrivé.

Il ne s'agit pas de choisir ce que nous aimons, mais bien ce que la prévoyance la plus élémentaire nous ordonne d'aimer.

Ici nous devons combattre nos préjugés et faire ce que les Anglais ont fait, ce que les Suédois ont fait, ce que les Espagnols ont fait, c'est-à-dire éliminer les prétendants indigènes, et faire choix d'un personnage qui soit étranger à nos guerres intestines.

Ne pas accepter l'idée d'un prince étranger, sous prétexte de répugnance, c'est ressembler à ce poitrinaire qui ne veut pas boire d'huile de foie de morue (son seul remède) parce qu'elle lui répugne.

Ce que je propose est nouveau pour la France, mais est-ce qu'à une situation nouvelle il ne faut pas répondre par des moyens nouveaux ? A-t-on jamais vu la France aussi menacée qu'elle l'est aujourd'hui ?

Quant au choix du prince c'est une question à mûrir.

Les combinaisons sont de plus d'un genre ;

Si le choix portait sur le roi des Belges, nous réaliserions notre union dynastique avec la Belgique ;

Si le choix portait sur un prince de Savoie, (le prince de Carignan?) Nous arriverions aisément à former une association purement défensive avec les peuples d'éducation latine (France, Italie et Espagne).

Si le choix portait sur le roi exilé de Hanovre, nous trouverions en lui un prince sympathique à la France, non-seulement parce qu'il a été élevé à l'école libérale, mais encore parce qu'il a été, comme nous, malheureux et dépouillé, non par la Prusse, mais par Dieu, car sur les bords de la Sprée, si un voisin est volé c'est « *Dieu qui a tout fait.* »

RÉSUMÉ.

1° Le césarisme remonte à Louis XIV et non à Napoléon Ier.

2° Le césarisme en France se divise en deux grandes périodes. L'une qui commence à Louis XIV, qui conduit à la perte de notre influence coloniale, et qui aboutit aux excès de 1793. L'autre qui commence à Napoléon Ier, qui conduit à la perte de notre influence continentale et qui aboutit aux excès de 1871 ;

3° Le césarisme a été continu, mais il s'est déplacé. Ainsi nous avons eu : — Le césarisme nobiliaire et clérical ;

Le césarisme militaire et administratif ;

Le césarisme bourgeois et parlementaire ;

Enfin le césarisme prolétaire et populacier.

4° Quant à la liberté elle a toujours été méconnue même par ceux qui ont usurpé en son nom ;

5° Ces disputes interminables et ridicules entre légimistes, orléanistes, napoléoniens et républicains, sont des disputes de césariens ;

Quant aux réformes qu'il faut faire pour extirper le césarisme, elles se résument comme il suit :

1° Attendu que dans une nation libre et non césarienne, le peuple *seul* est souverain ; l'Assemblée nationale ne peut être souveraine à moins qu'elle ne veuille être césarienne ;

2° Attendu que la puissance du gouvernement *central* est exorbitante, c'est-à-dire césarienne, il y a lieu de l'affaiblir au profit du gouvernement *local,* afin d'obtenir la pondération des forces publiques conformément au principe libéral et constitutionnel ;

3° Attendu que depuis Louis XIV les rôles sont intervertis en France en ce qui touche l'honneur et l'argent, il y a lieu de revenir aux vrais principes en subordonnant l'argent à l'honneur ;

4° Attendu que le système plébiscitaire pratiqué en France *avec sincérité*, remet la puissance souveraine aux bons citoyens répandus sur tout le territoire et non à la tourbe césarienne concentrée à Paris comme elle était autrefois concentrée à Rome, il en résulte que le plébiscite français n'a rien de commun avec le plébiscite romain ;

5° Attendu que le système plébiscitaire français (et non romain) peut seul remettre la France en équilibre et enlever toute force aux minorités opposantes et subversives, il y a lieu d'y recourir pour résoudre la question de souveraineté ; un premier plébiscite aurait lieu pour décider de la forme du gouvernement; un second pour faire choix du chef de l'État avec ou sans droit d'hérédité ;

6° Attendu que le régime constitutionnel, quand il est vrai, n'est autre chose que : « *une république avec un président héréditaire,* » il en résulte que les vrais libéraux n'auront pas à s'attrister si le peuple veut la monarchie constitutionnelle et non la république ;

7° Attendu que ce qu'il y a de plus précieux pour nous en ce moment c'est l'union, la concorde et l'unité de vues gouvernementales et que les prétendants nationaux ne peuvent pas nous donner ces biens puisqu'ils portent en eux un principe de discorde, le peuple français doit, dans son deuxième plébiscite, faire choix d'un prince étranger pour couronner son édifice constitutionnel.

Tel est en résumé, l'ensemble des réformes qui sont demandées, non-seulement pour améliorer le présent, mais plus encore pour assurer l'avenir, car quelles que grandes que soient nos infortunes présentes, celles de l'avenir le seront bien davantage si nous n'avons le courage de remonter aux causes et de nous réformer.

Présentement la France est humiliée. Mais est-ce la fin de nos humiliations? Voilà la question.

L'existence précaire qui vient d'être faite aux princes allemands. L'égoïsme qui a présidé à l'unité allemande et le malaise qui doit en résulter par les peuples d'outre-Rhin, sont autant de causes qui produiront un jour une réaction anti-prussienne et susciteront des embarras intérieurs à Berlin.

Comment la Prusse s'en dégagera-t-elle ?

Eh! mon Dieu, en essayant une diversion extérieure et en jetant l'Allemagne sur la France.

Nous croyons avec raison, que notre défaite et nos derniers malheurs nous viennent de nos divisions intestines ; mais les Allemands les attribuent à leur valeur. Cela se comprend.

Comme ils sont aveuglés par leur facile triomphe, ils méditeront un jour de nouvelles attaques. N'en doutez pas.

Eh bien êtes-vous préparés pour ces jours de l'avenir ?

Vous connaissez le dernier mot de la dernière guerre, mais pensez-vous un peu au premier mot des guerres futures?

Je sais bien que la leçon aidant, vous ferez obstacle à toute tendance offensive de votre gouvernement et vous aurez raison.

Je sais bien que toujours vous voudrez la paix avec fermeté.

Je sais bien que vous respecterez avec honneur le traité qui vous lie, ne serait-ce que pour n'avoir rien de commun avec ces puissances qui s'approprient les territoires d'autrui malgré les traités.

Mais croyez-vous que vos allures pacifiques seront suffisantes pour avoir la paix et que vous n'aurez qu'à rester sagement chez vous pour y vivre avec indépendance?

Gardez-vous bien de le croire; car un jour viendra où vous serez, comme en 1870, insultés à dessein, parce que cette nécessité sera nécessaire à la Prusse pour sortir d'embarras.

Notre politique vis-à-vis de l'Allemagne est bien simple : elle consiste à laisser cette nation chez elle. Mais, en échange, sommes-nous assurés de rester les maîtres chez nous? Enfin pouvons-nous espérer de vivre avec dignité comme il convient à une grande nation ?

Oui, si nous adoptons une politique neuve, c'est-à-dire libérale.

Non, si nous conservons la vieille politique, la césarienne.

Oui, si nous acceptons franchement et loyalement la souveraineté du peuple et le droit plébiscitaire.

Non, si nous continuons à usurper sur le peuple souverain.

Oui, si nous confions nos destinées à un prince étranger parce qu'il portera en lui un principe d'union et de concorde, ce dont nous avons le plus besoin.

Non, si nous nous livrons à un prétendant indigène, parce qu'il ne peut que nous désunir et nous affaiblir davantage.

En résumé, avec la réforme dans le sens de l'extinction du césarisme et de l'annihilation des partis, la dernière guerre se tournera à notre avantage, car elle nous aura fourni l'occasion de nous rendre meilleurs et de devenir la nation la plus libérale et la mieux équilibrée de l'Europe. Mais sans la réforme sur le césarisme et sur les césariens, la dernière guerre est le signal de notre décadence.

Enfin : Nous réformer, c'est pour nous la victoire et la vie.

Nous entêter dans le mesquin et l'illégal, c'est pour nous la défaite, la honte et la mort.

A nous de choisir.

Versailles, le 18 juin, 1871.

www.ingramcontent.com/pod-product-compliance
Lightning Source LLC
LaVergne TN
LVHW010302230826
846091LV00007BB/2665

9782011784377